Avant propos

Le manuel Je me débrouille en Djoula est destiné aux personnes qui étudient le Djoula seules; vous pouvez vous en servir également si vos études sont suivies sous la direction d'un professeur.

Ce manuel a été conçu dans le but de faciliter l'intégration des personnes étrangères francophones dans la société malienne et en particulier dans la communauté Djoula. Il est une contribution à la promotion de la langue Djoula.

Leçon: 1

Les voyelles et les consonnes en Djoula

L'alphabet Djoula est composée de:
 7 voyelles: a=a, e=é, Ɛ=è, i=i, o=o, Ɔ=ô, u=ou

20 consonnes: b=bé, c=tié, d=dé, f=fé, g=gué, h=hé, j=djé, k=ké, l=lé, m=mé, n=né, Ɲ=gné, ŋ=ngué, p=pé, r=ré, s=sé, t=té, w=wé, y=yé, z=zé

Les voyelles peuvent être longues:

a	aa	baara	travail
e	ee	feere	vente
Ɛ	ƐƐ	fƐƐrƐ	moyen
i	ii	miiri	pensée
o	oo	foolo	goitre
Ɔ	ƆƆ	wƆƆrƆ	six

CƐ fila nana baara la lƆgƆla.

Deux hommes sont venus au marché pour travailler

Tout comme en français, les voyelles peuvent être nasalisées en langue Djoula.

a an=an san l'année

e en=én sen le pied

ɛ ɛn=un bɛn l'entente

i in=in bin l' herbe

o on=ôn lon le jour

ɔ ɔn=on dɔn la danse

u un=oun kun la tête, le bout

EXERCICES D'APPLICATION :

1. Lisez les mots suivants et construire une phrase avec chacun.

Cɛ	l'homme
Cew	les hommes
Muso	la femme
Musow	les femmes
Ji	eau
Wulu	chien
Yiriwali.	progrès
Ɲaniya.	volonté
Ɲoni.	épine
Tamati.	Tomate
Hɛɛrɛ.	bonheur
Ɲɛkisɛ	œil

2.Ecrivez sous forme de dictée et vérifiez:

Vocabulaire:

Jaba

Cɛkorɔba

Musokorɔba

Misi

Sosow Wuluwulu

Leçon : 2

Faisons connaissance

An ka nɔgɔn dɔn

E tɔgɔ ye di ? = comment t'appelles-tu ?

Ne tɔgɔ ye Mamadu = Je m'appelle Mamadou.

Nin tɔgɔ ye di ? = Comment s'appelle celle-là ? Celui-là ?

A tɔgɔ ye Fatumata = Elle s'appelle Fatoumata.

I muso tɔgɔ ye di ? = Comment s'appelle ta femme ?

A tɔgɔ ye Jenɛba = Elle s'appelle Djénéba.

I be bɔ min ? = D'où viens-tu ?

Ne be bɔ Faransi. = Je viens de la France.

E do ? = Et toi ?

Ne be bɔ Senegali = Je viens du Sénégal.

<h2 style="text-align:center">Leçon: 3</h2>

Les différents adjectifs en Dioula

*** Adjectifs possessifs :**

Ne ta : ma, mon, mes,

Exemple :

Ne ta samara ka bon : né ta samara ka bôn/ ma chaussure est grande.

Ne ta samaraw ka bon : né ta samara ka bôn/ ma chaussure est grande.

I ta : ta, ton, tes

A ta : sa, son, ses

Exemple :

An ta : notre, nos

An ta samara ka dɔgɔ : an ta samara ka dôgô /notre chaussure est petite

An ta samaraw ka jan : an ta samara ka dans/nos chaussures sont longues

 Aw ta : votre, vos

Exemple :

Anw ta samara ka surun : anw ta samara ka souroun/ **votre** chaussure est courte.

Anw ta samara**w** ka surun : anw ta samaraw ka souroun/**vos** chaussures sont courtes

O : U ta : leur, leurs

 Adjectifs démonstratifs :
Exemple :
Ni Kadi ni ta lo : ce, cet, cette
Ni muso **ni ta** lo : ni mouso ni talo : c'est pour cette femme.

Ninuw : ces
Exemple :
Ninouw muso**w** ta lo : ninou mouso oun talo : c'est pour ces femmes

 Adjectifs numéral cardinal : …nan
Exemple :
Karim ye u ta **kalanso mɔgɔ fɔlɔ, filan**an **ye :**
Karim yé ou ta ou bien kalanso môgô fôlô, filanan **yé**
Fɔlɔ:
Filanan :

Exercice 1 : changez ces mots en rouge en pronoms personnels et celui d'en vert à un nom commun et traduisez la phrase.

 * Kadi **tun** taara luman : Kadi était partie à la maison.

 * Ne tun nana kalan na kunnun wulafɛ : j'étais venu aux études ce soir.

 * Sagaw tun bugɔla sagagɛnnan fɛ foro la sufɛ : les moutons étaient frappés par le bergers pendant la nuit.

 * Anw tun welela u bamusow fɛ luman : nous étions appelés par leurs mères à la maison.

 * Baarakɛla tun lɔla yiri suman na tile fariya fɛ bi, le travailleur était arrêté sous l'arbre à cause du soleil.

 * A tun minɛn na lɔgɔfiyɛ la donsɔn fɛ sɔgɔman, il était attrapé au marché par le chasseurce matin.

Exercice 2 : remplacez les pronoms compléments en nom propret et ceux d'en vert en   pronoms compléments.

 * Jamal **tun ye** baara kɛ kunnu : Jamal avait travaillé hier.

 * Mounia tun ye Ali wele nka a man na : Mounia avait appelé Ali, mais il (elle) n'est pas venu (e).

 * Lamine tun ye Ana ni Fati bugɔ kalanso la :

Lamine avait frappés Ana et Fati à l'école.

* Ne bamuso tun ye u minεn sen na : Ma mère avait attrapé les moutons aux pieds.

* Anw facε tun ye a filε kalanso kɔnɔ : Notre père l'avait regardé en classe.

* Dugutigi tun ye u wele bi a ta luman : le chef les avait appelé chez lui aujourd'hui.

Quelques vocabulaires :

Nka : mais

Sen : pieds

Man = tε : ne pas…

Leçon : 4

Les locutions : Oui, Non, D'accord

Oui : awɔ

Non : ayi

D'accord : baasitɛ, ɔnhɔn

Exercice : Traduisez-en Djoula :

Je m'appelle Alima, je viens du Mali. Mon mari s'appelle Sekouba, il est malien.

Mon amie Safi est française ; son mari est Sénégalais.

Leçon: 5

Savoir compter de 0 à 1000

Français	Djoula
Zéro :	Fuu
Un :	Kelen
Deux :	Fila
Trois :	Saba
Quatre :	Nanni
Cinq :	Duuru.
Six :	wɔɔrɔ.
Sept :	wolonfila
Huit :	segin
Neuf :	kɔnnondon
Dix:	Tan
Onze:	Tan ni Kelen
Vingt un	Muŋan ni Kelen
Vingt deux	Muŋan ni Fila
Vingt trois	Muŋan ni Saba
Vingt quatre	Muŋan ni Nanni
Vingt cinq	Muŋan ni loro
Vingt six	Muŋan ni wɔɔrɔ.
Vingt sept	Muŋan ni wolonfila
Vingt huit	Muŋan ni segin
Vingt neuf	Muŋan ni kɔnnɔndɔn

30.   Bi saba

40.   Bi nanni

50.   Bi loro

60.   Bi wɔɔrɔ

70.   Bi wolonfila

80.   Bi segin

90.   Bi kɔnnɔndɔn   100. Kɛmɛn

200.   Kɛmɛn Fila

300.   Kɛmɛn Saba

400.   Kɛmɛn Nanni

500.   Kɛmɛn loro

600.   Kɛmɛn wɔɔrɔ

700.   Kɛmɛn wolonfila

800.   Kɛmɛn segin

900.   Kɛmɛn kɔnnɔndɔn

1000.   Wa Kelen

Leçon : 6

Les locutions : c'est ; ce n'est pas

L'expression c'est se traduit en Djoula par le mot le.
Il se place toujours après le mot qu'il désigne.

Exemples :

Ne muso lo. = c'est ma femme

Sedu tericɛ muso lo = c'est la femme de l'ami de Seydou.

Son lo = c'est un voleur

La locution ce n'est pas se traduit par le mot tɛ.
Il se place toujours après le mot qu'il désigne.

Exemple :

Cɛn tɛ = Ce n'est pas vrai.

Faniya lo = C'est un mensonge

Baranda tɛ, lomuruba lo = c n'est pas la banane, c'est
l'orange

Ne dɔgɔcɛ tɛ, ne den lo = ce n'est pas mon frère, c'est
mon fils

Mun lo ? = qu'est ce que c'est ? (c'est quoi ?)

Jon lo ? = Qui est-ce ? (qui est t-il ?)

Exercice: Traduisez en Dioula ! (nin bayɛlɛma
djoulakan na!)

C'est mon père, c'est le frère cadet du chef de village.

Ce n'est pas mon chien, c'est le chien de mon oncle.

Leçon : 7

SALUTATIONS D'USAGE

Salutations relatives aux différents moments de la Journée :

I ni sɔgɔma = bonjour (de 5 h du matin jusqu'à 11 h environ)

I ni tele = bon près midi (de 11h jusqu'à 15 h environ)

I ni wula = bonsoir (de 15 h jusqu'en début de nuit)

I ni su = bonsoir (durant toute la nuit)

NB : Quand la salutation s'adresse à une seule personne, elle commence par le mot I comme dans les exemples ci-dessus.

Quand la salutation est adressée à deux ou plusieurs personnes, [i] est remplacé par A.

Exemples :

A ni sogɔma

A ni tele

A ni wula

A ni su

NB : A est la forme contractée du mot aw qui signifie vous en français.

Salutations adressées à quelqu'un qui vient d'arriver d'un voyage :

I ni se = Bienvenue, salut (Quand on s'adresse à une seule personne

A ni se = Bienvenue, salut (deux ou plusieurs personnes) Comment répondre à celui qui nous adresse l'une ou l'autre de ces salutations ?

Les mots Nba ou Nse servent de réponse à toutes ces salutations, Ils sont suivis généralement du mot qui désigne la période de la journée à laquelle correspond la salutation.

Leçon : 8

Les auxiliaires avoir et être en djoula

1. Les auxiliaires être et avoir se traduisent souvent par le même mot en langue Djoula (be)

Exemples: Dugutigi be bulon kɔnɔ = Le chef du village est dans le vestibule.

Muso fila be dugutigi bolo = Le chef de village a deux femmes.

Dans la dernière phrase, la traduction littéraire fait de be l'auxiliaire avoir, Autrement, il se présente en tant qu'auxiliaire être.

Si l'on considère qu'il a ici pour sujet " Muso fila", la traduction pourrait être la suivante : Deux femmes sont à la possession du chef de village. Il faut reconnaître que ceci n'est pas du tout une bonne traduction.

Dugutigi tɛ bulon konɔ = Le chef de village n'est pas dans le vestibule.

Âxemple:

Muso fila tɛ Dugutigi fɛ = Le chef de village n'a pas deux femmes.

Wulu be lu kɔnɔ = le chien est à la maison

Wulu te lu kɔnɔ = le chien n'est pas à la maison

Exemple :

Ne tun be Bamako = J'Etais à Bamako.

Ne tun te Bamako = Je n'étais pas à Bamako.

3.En Djoula le mot ye peut traduire également les auxiliaires être et avoir.

1. L'auxiliaire ETRE se traduit en Djoula par Ye au temps présent et par TUN YE à l'imparfait.
Àxemple:

Awa ye dugutigi muso ye = Awa est la femme du chef de village.

Awa tun ye dugutigi muso ye = Awa était la femme du chef de village.

1. L'auxiliaire AVOIR se traduit par Ye au passé composé.
Exemples :

N ye djoulakan kalan = J'ai étudié le Djoula.

4.Les mots Ka, man et ma servent souvent à traduire l'auxiliaire ETRE,

Exemples :

Mali ka di = Le Mali est bon.

Faniyaigɛ ma ni = Mentir n'est pas bon.

Basi man di = Le couscous n'est pas bon.

NB : Dans le sens de l'auxiliaire ETRE, KA, MA et MAN précèdent toujours un adjectif qualificatif attribut.

5.L'auxiliaire AVOIR se traduit souvent aussi en bambara par le mot MA. Ceci, dans les phrases négatives et pour le passé composé.

Exemple :

Mamadu ma baara kɛ kunun = Mamadou n'a pas travaillé hier.

Leçon : 9

Les pronoms personnels

Ne (n) je   Anw (an) nous

E (i) tu   Aw (a') vous

Ale (a) il/ elle   Olu (u) = ils,
elles

NB: les mots entre parenthèses sont les formes
contractées des pronoms personnels en face desquels
ils se trouvent.

Exemples :

Ne tɔgɔ ye Mamadu = Je m'appelle Mamadou.

E tɔgɔ ye di ? Comment t'appelles-tu ?

Ale tɔgɔ ye di ? Comment s'appelle-t-il (elle) ?

A tɔgɔ ye Musa = Il s'appelle Moussa

A tɔgɔ ye Fatumata = Elle s'appelle Fatoumata

An be taga luman = Nous allons à la maison Aw be

taga min ? = Où allez-vous ?

An be taa sugu la = Nous partons au marché

Olu bɔra min ? = D'où viennent-ils

U bɔra Faransi = Ils viennent de la France

Exercice d'application :

Traduisez en Djoula:

Bonjour Amadou

Bonjour Djenéba

Comment vas-tu ?

Et tes enfants ?

Ils vont bien.

Comment s'appelle-t-elle ?

Elle s'appelle Fanta. Elle vient de la Belgique (Beliziki)

Elle a deux filles, Hélène et Odette.

Demain (sini), nous irons à Bamako. Vous irez à Tombouctou.

Leçon : 10

 (l'argent)

 En Djoula, pour la monnaie, chaque cinq centime correspond au nombre un. Pour cela, à chaque

fois qu'on vous dit une somme en Djoula, pour avoir l'équivalent en français, il faut le multiplier par 5. Quand la somme est exprimée en français pour la conversion en bambara, il faut la diviser par 5.

NB : Le mot francs qui accompagne les chiffres en français quand il s'agit d'exprimer
Une somme d'argent se traduit en Djoula par le mot dɔrɔmɛ. Il précède toujours le chiffre.

Exemples :

Dorɔmɛ kelen (d.1) = 5 francs   Dorəmɛ duuru (d.5) = 25 francs

Dorəmɛ fila (d. 2) = 10 francs   Dorɔmɛ wɔɔrɔ (d.6) = 30 francs

Dorɔmɛ saba (d.3) = 15 francs   Dorɔmɛ wolonwula (d.7) = 35 francs

9 7 9 8 2 1 0 1 0 0 2 7 6